MÉMOIRE,

SUR UN MOYEN

PROPRE A DIMINUER D'ABORD
LE NOMBRE DES LOGEMENTS INSALUBRES
ET PUIS A LES SUPPRIMER TOUT-A-FAIT,

Adressé à l'Académie des Sciences de l'Institut impérial de France,
le 2 novembre 1856;

Par Louis-Joseph-Alexandre **VALAT** (de Montpellier),

Docteur-médecin de la Faculté de Paris, membre correspondant de l'Académie impériale de médecine, lauréat-Montyon de l'Académie des sciences en 1840, membre correspondant de la Société médicale d'émulation de Paris et de la Société de médecine de Lyon, membre correspondant et lauréat de la Société de médecine-pratique de Montpellier, plusieurs fois lauréat de la Faculté de médecine de cette ville, secrétaire du conseil d'hygiène d'Autun, ancien compétiteur au concours de l'agrégation à la Faculté de médecine de Paris en 1826, avec la dispense d'âge.........

AUTUN
IMPRIMERIE DE MICHEL DEJUSSIEU.
1856.

A LA MÉMOIRE

DE FEU LE VÉNÉRABLE DUC DE BASSANO,

Sous la bienveillante présidence duquel j'eus l'honneur de présenter et de lire, par fragments, à l'Académie des sciences morales et politiques,

DE L'INSTITUT IMPÉRIAL DE FRANCE,

Dans la séance du 18 mai 1833,

Un volume in-8° de 200 pages, intitulé : « Mémoires concernant un service rural de santé à fonder en France pour les indigents ; »

SERVICE DONT L'INSTITUTION FONCTIONNE AUJOURD'HUI

DANS PLUSIEURS DÉPARTEMENTS,

ET NOMMÉMENT DANS CELUI DE SAONE-ET-LOIRE,

Où il se trouve positivement que j'ai l'honneur d'être médecin cantonal de la circonscription d'Autun, selon les idées que j'avais émises et publiées dans mon livre d'il y a 23 ans passés

VALAT (de Montpellier) d. m. p.

Ab imis fundamentis instauratio facienda est.
BACON.

Grâce à l'initiative de Sa Majesté l'Empereur Napoléon III, peu de questions sont, depuis quelque temps, plus à l'ordre du jour que celle des logements des classes ouvrières, et plus généralement des classes laborieuses.

En ce moment, les économistes la considèrent, cette question, sous le point de vue du bon marché qu'il faudrait introduire dans le prix des loyers, et principalement dans les grandes villes, à Paris par exemple.

Assurément, ces études sont fort honorables et très dignes d'être encouragées; mais elles ne comprennent pas tout le vaste et important problème relatif à l'amélioration hygiénique des logements des classes laborieuses particulièrement.

C'est pourquoi, travaillant nous-même, de notre côté, à tâcher de compléter la solution de ce problème humanitaire, nous nous proposons, dans ce mémoire, nous, médecin, de considérer la question des logements, d'une part sous le point de vue des classes ouvrières ou laborieuses, tant des villes et des faubourgs surtout, que des campagnes qui comptent en France plus de 25 millions d'habitants; et d'autre part, et essentiellement sous le point de vue de la salubrité, afin de tâcher de l'y faire établir désormais, dans des conditions de pérennité.

La première idée de ce mémoire s'est présentée à mon esprit, surtout par suite des observations multipliées que j'ai eu l'occasion de faire, et par conséquent de l'expérience que j'ai acquise dans quatre épidémies meurtrières et dans deux endémies graves; desquelles toutes j'ai pu adresser les relations, méditées, à l'Académie impériale de médecine, depuis ces six dernières années.

Dans chacune de ces quatre épidémies et de ces deux endémies, nous avons vu constamment la maladie se développer, particulièrement et de préférence sur les habitants des logements insalubres, tant des petites que des grandes agglomérations, aussi bien des hameaux et des villages que des faubourgs.

Toutes ces quatre épidémies très meurtrières, dont deux de choléra, une de dyssenterie et une de fièvre typhoïde, ainsi que deux endémies graves de goître, n'ont que trop justifié tout ce que nous venons d'avancer (et ce que tout le monde sait du reste) sur l'influence morbifique des logements insalubres, surtout pour les épidémies meurtrières et les endémies graves.

C'est donc positivement cette fatale expérience, six fois répétée, coup sur coup, sous nos yeux, en moins de six ans, qui a été pour nous le point de départ de l'idée nouvelle et utile que nous croyons devoir émettre ici aujourd'hui sur l'opportunité, et même sur l'impérieuse nécessité qu'il y aurait, au point de vue de la santé publique, de réglementer une disposition administrative qui, désormais, irait au-devant de la construction des logements insalubres.

La contre-épreuve, s'il en était besoin, de l'urgente nécessité d'une semblable mesure est que généralement et ordinairement les épidémies meurtrières et les endémies graves ne se déclarent ni ne se développent avec la même intensité au centre des villes ; du moins dans les quartiers où les maisons sont établies dans des conditions de salubrité et dont les habitants sont aussi, il faut bien le dire, dans un état habituel d'existence confortable.

Tous ces ordres de faits sont parfaitement connus de tout le monde. Aussi, l'administration gouvernementale, depuis 1851, avait-elle désigné des *commissions dites des logements insalubres,* pour visiter ces logements et prescrire les mesures qu'il y aurait à prendre afin de les faire assainir.

A Paris et dans les grandes villes en général, où la richesse publique et privée est plus ou moins florissante, ces commissions ont pu faire beaucoup de bien.

Mais, en province, dans un trop grand nombre de villes de canton et même d'arrondissement, et, à plus forte raison, dans les bourgs, les villages, les hameaux et les écarts, les prescriptions de salubrité sont le plus souvent restées sans effet et ont même été comme non-avenues. — Je ne sache même pas que, pour notre arrondissement d'Autun du moins, des commissions de salubrité se soient transportées dans les villages et encore moins dans les hameaux

Et pour le peu qui a été fait en ville et dans les faubourgs d'Autun, notre expérience de membre de ces commissions de salubrité nous a montré presque toujours l'inutilité de nos prescriptions ou recommandations; vu que, d'une part, les propriétaires n'avaient pas le plus souvent les moyens pécuniaires pour faire les réparations utiles ou indispensables, et que, d'autre part, les locataires n'avaient pas non plus les moyens d'ajouter au prix de leur loyer (et encore quand ils pouvaient payer leurs termes) l'intérêt au moins du coût de ces réparations.

C'est en vue de ces difficultés matérielles et malheureusement trop réelles que l'administration municipale de quelques grandes villes avait proposé et donné des *primes* aux propriétaires qui voudraient bien faire à des logements déclarés insalubres les réparations d'assainissement indiquées par les commissions de salubrité.

Mais pour employer des moyens aussi déterminants, aussi efficaces, il fallait que ces administrations eussent des ressources. Or, le plus grand nombre n'en a pas: bien plus, d'autres municipalités règlent malheureusement leurs budgets, tous les ans, par un *déficit* de plusieurs milliers de francs. — Telle est particulièrement, depuis quelques années, la situation financière de la ville d'Autun.

On comprend que, dans de telles conditions, les chiffres disent, dans leur brutalité : « Arrière la sa- » lubrité publique et les primes qu'il faudrait don- » ner ! » Aussi, nos pauvres faubourgs sont-ils restés ce qu'ils étaient ; c'est-à-dire, par leur insalubrité notoire et flagrante, des nids à maladies de toutes sortes, sporadiques, épidémiques et endémiques. — Rien n'y est changé, sous ces rapports morbifiques, parce que rien ne pouvait l'être, et il n'y a pas de raison pour que cet état change ; au contraire, il y en a de très fortes pour que l'état des choses reste tel quel, et même pour qu'il aille toujours en s'aggravant, par l'augmentation journalière et progressive des conditions d'insalubrité.

Dès-lors, puisque l'institution des commissions des logements insalubres n'a pas abouti et qu'elle ne le pouvait pas (du moins en province généralement) par la force des choses, ainsi que nous venons de le voir, ne serait-il donc pas plus rationnel, plus avantageux, plus pratique et plus sûr d'intervenir officiellement dans les plans des logements à construire désormais, au point de vue, seulement et bien entendu, de l'hygiène, plutôt que d'intervenir quand il n'est plus temps de prévenir de graves inconvénients d'insalubrité, inhérents à la construction antérieure et primitive de ces logements?

Conçoit-on, en effet, toute la fausse position d'une

commission dite des logements insalubres, qui voit, constate et fait interdire, au besoin, la location de certains logements, pendant qu'elle trouve, dans ses visites, de nouveaux logements en voie de construction non-seulement sans principes d'hygiène, mais encore contre ces mêmes principes?

Et cette commission n'aura pas pour mandat de dénoncer, de faire rectifier ce qu'elle voit se construire contrairement aux règles de la salubrité, qu'elle doit pourtant faire observer et maintenir partout ailleurs et même un peu plus loin, que dis-je, tout à côté?

Et il faudra qu'elle attende que l'insalubre construction soit irréparable (à moins de frais trop souvent impossibles au propriétaire), pour avoir le droit, alors qu'elle est habitée, de faire connaître à l'autorité ce nouveau logement dont l'insalubrité est actuellement un fait accompli et à perpétuité!

Chose singulière! quand il était temps de corriger les plans de ces logements insalubres et de prévenir leurs pernicieux résultats, la commission n'a rien pu dire, ni rien faire; et lorsqu'il n'est plus temps de les empêcher, ces funestes résultats, alors seulement la commission a le droit et la mission de déclarer qu'elle a vu s'elever, en effet, des logements insalubres dont les conséquences morbifiques et léthifères sont patentes actuellement!

Si le sujet n'était pas si grave et si douloureux, ne pourrions-nous pas, avec trop de raison, nous moquer de cette flagrante contradiction, en disant, comme le poète Horace, (dont on aime tant à se souvenir, même dans l'âge mûr, ainsi que l'exprimait dernièrement l'un des plus illustres membres de l'Académie des Sciences, M. le maréchal Vaillant) : « *Spectatum admissi risum teneatis, amici?* »

Pourtant, qui veut la fin veut les moyens : si vous voulez donc qu'il n'y ait plus désormais, dans un temps donné, des logements insalubres, eh bien! empêchez donc qu'ils ne se fassent, plutôt que de les interdire alors qu'ils sont debout : interdiction, du reste, qui trop souvent est éludée.

Dussions-nous nous répéter, disons-le donc encore une fois : il est bien temps, en effet, quand des logements sont bâtis, sans principes d'hygiène et même contre ces principes, de désigner des commissions officielles pour visiter ces logements insalubres et pour indiquer les mesures à prendre afin de les assainir, ou, en cas de refus de la part des propriétaires, d'en interdire la location!

Que si l'institution de police sanitaire, que je n'ai fait qu'indiquer encore et que je vais formuler dans le prochain alinéa comme pouvant être établie un jour, eût existé antérieurement, nous n'en serions pas réduits aujourd'hui à faire des visites et des recommandations ou prescriptions officielles qui, le plus souvent pour ne pas dire toujours, n'aboutissent pas ou deviennent inutiles, faute de moyens pécuniaires, tant chez les propriétaires que chez les locataires.

Serait-il donc vrai qu'il n'est pas possible d'établir, comme mesure de salubrité publique, une disposition règlementaire de police sanitaire qui obligerait, dans chaque commune, quiconque voudrait bâtir ou faire bâtir des logements, à en soumettre préalablement les plans à un agent spécial, compétent, désigné par l'autorité et assermenté; lequel examinerait et jugerait s'il n'y a pas dans ce plan quelque inconvénient plus ou moins grave contre l'hygiène ?

Ainsi, ce n'est plus de l'inspection, ni des visites, des logements insalubres qu'il doit être question désormais exclusivement, puisqu'elles ne suffisent ni n'aboutissent, du moins en province, comme nous l'avons vu; mais c'est la construction de nouveaux logements insalubres qu'il faut tâcher d'empêcher, en portant un contrôle officiel jusque dans les plans de leurs fondations : c'est pour ce motif que nous avons inscrit en tête de ce mémoire ces paroles de Bacon : « *Ab imis fundamentis instauratio facienda est.* » Cette citation, bien réfléchie de notre part, n'est pas ici une phrase vaine et sonore; car elle exprime un fait et une réalité à établir en vue de la salubrité publique.

Au surplus, cette sorte de droit d'examen ou de contrôle obligé que nous posons en principe à l'endroit des logements, pour que désormais ils ne soient plus insalubres, la société ou tous ne doivent-ils pas l'avoir envers chacun? En effet, faisons-le bien remarquer, les logements ne sont pas seulement destinés à être habités par ceux qui les font bâtir ou par leurs premiers propriétaires; vu que, par leur longue durée, séculaire ou plusieurs fois séculaire assez ordinairement, ils sont encore destinés à être habités par plusieurs générations de propriétaires ou de locataires. — Il y a encore une autre raison, c'est que les logements insalubres sont un danger public; attendu que, en temps d'épidémies surtout, les maladies peuvent se propager et ne se propagent que trop, par voie d'infection, des maisons insalubres à celles qui ne le sont pas.

Or, une mesure préventive qui nous paraît devoir être extrêmement utile, c'est une sorte d'enquête préalable, officielle, règlementaire, *de commodo et incommodo,* à établir désormais, en faveur et au profit sanitaire des habitants actuels, prochains et ultérieurs, quels qu'ils soient, propriétaires ou locataires, pour tâcher d'empêcher qu'il existe des vices de construction, au point de vue exclusivement de la salubrité des logements.

C'est ainsi que l'on impose, avec raison, un alignement aux maisons qui s'élèvent dans les rues. Dès-lors, pourquoi, par exemple, n'imposerait-on pas aussi bien une hauteur voulue, déterminée, mathématique, au sol des logements à construire désormais, afin qu'il ne soit pas en contre-bas d'une chaussée, d'un chemin, d'une place, d'un terrain ou d'un champ adjacent ? Est-ce que les intérêts sanitaires seraient par hasard moins importants, moins à considérer que les intérêts de la voirie en général ?

Ou, si cette position des logements en contre-bas du terrain est absolument inévitable, par la force des choses, par la configuration des lieux, hâtons-nous de le dire, que du moins les précautions prescrites en pareil cas, par l'art et l'hygiène, soient prises désormais pour annihiler ou atténuer le plus possible cette position obligée et défavorable.

J'ai réfléchi souvent et longtemps à l'utilité, à la

nécessité d'un décret, d'une loi que nous appellerons volontiers : *loi de salubrité pour la construction des logements.* Eh bien ! plus j'y ai pensé, moins j'ai trouvé d'objections motivées et d'obstacles réels à son institution.

Mais il ne m'a pas suffi de m'en rapporter à mes convictions et à mon jugement : j'ai voulu encore et j'ai dû consulter, à ce sujet, les hommes les plus sensés, les plus expérimentés, les plus recommandables à tous égards ; eh bien ! tous ont été unanimes pour trouver bonne l'idée d'une loi ou d'un décret de salubrité pour la construction des logements *des classes laborieuses.*

Cependant, j'ai bien entendu exprimer quelques objections qui réellement n'en sont pas, puisqu'elles tombent devant le premier examen. Ainsi, l'on nous dira peut-être, et l'on nous a dit en effet, que s'il y a dans nos faubourgs d'Autun, par exemple, des logements insalubres, c'est parce qu'ils sont anciens et qu'ils tombent de vétusté. Ce raisonnement est une erreur, attendu que, dans nos faubourgs comme ailleurs, les logements insalubres sont généralement tels, absolument parce qu'ils ont été mal conçus dans leurs plans et par conséquent mal exécutés dans leurs constructions, au point de vue de l'hygiène et de la salubrité ; ou plutôt on a peu ou point pensé aux notions de salubrité, lorsqu'on les a construits. En pouvait-il être autrement ? Ces notions, on ne les avait pas alors ; ou du moins elles n'étaient pas à l'ordre du jour comme nous les y voyons maintenant.

Une seconde objection de la même force est qu'il

n'est pas besoin d'un décret de salubrité pour la construction des maisons; attendu que les propriétaires qui les font bâtir sont les premiers intéressés et ne sont pas assez ignorants pour ne pas se conformer aux principes de l'hygiène.

Ce raisonnement est vrai sans doute pour les maisons de quelque importance, soit de la ville, soit de la campagne, parce qu'en effet les propriétaires qui les font construire sont presque toujours des hommes riches, éclairés, aimant le confortable et s'environnant d'ailleurs des gens de l'art; mais malheureusement pour les simples logements, soit en ville, dans les faubourgs, soit à la campagne, dans les villages, dans les hameaux, les conditions de civilisation, d'éducation, de notions des constructeurs ne sont plus les mêmes et ne sont pas sans avoir besoin d'une bonne et sage loi de salubrité pour le plan de la construction de leurs logements.

Il me suffira d'en donner un seul exemple, entre beaucoup d'autres que j'aurais pu citer si je ne cherchais pas à abréger l'étendue de ce mémoire. Il y a peu de jours, j'ai été consulté par l'un des ajusteurs mécaniciens des usines d'huile de schiste de la commune d'Igornay, canton de Luceuay, arrondissement d'Autun ; cet homme m'a remercié gracieusement des bons conseils que je lui avais donnés, me dit-il, il y a quatre ans, à l'époque où une épidémie de fièvres intermittentes et rémittentes sévissait sur le hameau des *Billaudots*, dont il était alors et dont il est encore l'un des habitants.

Ce hameau, placé sur la rive droite de la rivière

d'*Arroux*, fut inondé comme il l'est souvent par un débordement ; et, peu de semaines après, se déclara une épidémie de fièvres-d'accès à laquelle Rousseau, ainsi que sa famille, paya un large tribut : c'est à cette occasion que je lui avais donné des soins et incidemment des conseils de salubrité pour sa maison. Mais depuis ce temps, Rousseau, dont le logement était ordinairement très humide, en exhaussa le sol en y rapportant et y disposant du sable, du mâchefer, de la brique pilée, puis encore une épaisse couche de mortier, sur laquelle il plaça un bon carrelage; de plus, il pratiqua tout autour de sa maison un conduit d'assainissement.

« Depuis cette réparation dont je dois la première » idée à vos avis, me dit-il, nous n'avons plus eu la » fièvre, ni ma femme, ni mes enfants, ni moi ; pen- » dant que, au contraire, nos voisins qui sont restés » dans les mêmes conditions d'insalubrité, quant à » leurs logements, sont toujours ravagés par la fièvre, » plusieurs fois par an, surtout après chaque inonda- » tion de la rivière. »

D'après cet exemple de l'ajusteur Rousseau, croit-on que si, à l'époque de la fondation du hameau des *Billaudots*, un agent de la salubrité pour la construction des logements eût passé par là pour indiquer la hauteur voulue du sol de ces logements, ainsi que les autres principales conditions hygiéniques, il n'eût pas empêché les épidémies de fièvres paludéennes auxquelles Rousseau et sa famille échappent actuellement, parce qu'il a su prendre des précautions qui devraient être désormais générales et obligatoires pour les nouveaux logements, au lieu d'être particulières, facultatives, isolées et sans ensemble ; comme pour servir de point de comparaison entre le bien de salubrité que l'on pourrait faire et celui que l'on ne fait pas ?

Une troisième objection, plus spécieuse qu'aucune autre, est que l'on ne peut pas ou que l'on ne doit gêner en rien la liberté des propriétaires qui font construire des logements : aucun décret, dit-on, aucune loi, même de salubrité, ne saurait, en principe, ni en droit, ni en fait, porter atteinte à cette liberté des propriétaires.

Les propriétaires!..... non-seulement on les aligne forcément, ainsi que nous l'avons vu ; mais encore on les rogne, on les diminue, on les fait même déguerpir, on les exproprie enfin, à jour fixe et sans prix débattu, et tout cela pour cause d'utilité publique.

Au contraire, dans l'application de la loi de salubrité pour la construction des logements, il ne s'agit nullement de les diminuer, ni de les amoindrir, encore moins de les supprimer : bien loin de là ; par l'effet de la loi en question, l'autorité donnera indirectement une plus-value à ces logements, attendu qu'ils seront construits désormais dans de meilleures conditions d'hygiène qu'ils ne l'auraient été sans cette loi.

Et puis, le bénéfice moral et matériel que leurs propriétaires en retireront, par la diminution des cas de maladies et conséquemment par le plus grand nombre de journées de travail, n'est-il pas un avantage réel ?

Après toutes ces considérations et beaucoup d'autres du même ordre qu'il serait si facile et trop long d'énumérer et de déduire ici, peut-on dire que la loi de salubrité pour la construction des logements serait fâcheuse, onéreuse, vexatoire?

Certainement, les intérêts et la liberté des propriétaires qui construisent ou font construire des logements sont très respectables et doivent être, en effet, respectés, sauvegardés. Mais pourtant, sans leur nuire, l'intérêt particulier et général de la salubrité publique ne peut-il pas marcher de front ou de conserve avec l'intérêt et la liberté des propriétaires?

Somme toute, n'est-il donc pas vrai qu'il y a là quelque chose à faire, dans ce sens de règlementation, en vue de la pérennité de la salubrité des logements qui se construiront désormais?

Tel est donc le problème de jurisprudence, de législation ou d'administration publique ou encore d'*hygiène légale* que je laisse aux hommes expérimentés, pour qu'ils tâchent de le résoudre de la manière la plus profitable à la salubrité publique, sans nuire cependant à la liberté ni aux intérêts des propriétaires qui désormais feront construire des logements pour les classes ouvrières ou laborieuses.

Ce n'est donc point une mesure, une règlementation incommode, tracassière, que nous appelons de tous nos vœux, mais plutôt une mesure de salubrité, de progrès et de bienveillance tout à la fois.

Après tous les développements qui précèdent et que je n'ai pas pu faire plus courts, voici mes déductions finales et définitives :

Le fait le plus dominant dans l'étiologie des maladies, surtout épidémiques et endémiques, est l'insalubrité des logements ; cette insalubrité se témoigne principalement par l'humidité de leur sol. Presque tous les logements de nos malades, dans les nombreuses et meurtrières épidémies, ainsi que dans les endémies graves que nous avons observées, offraient cette malheureuse condition de l'humidité ; et cette insalubre condition tient toujours à un vice de construction qui fait que le sol des logements est le plus souvent en contre-bas, soit du chemin, soit du terrain qui les entoure.

La mesure la plus efficace qu'il y aurait à prendre désormais contre cette condition si fâcheuse et si commune de l'insalubrité des logements, serait qu'il existât une disposition administrative, de police sanitaire, qui astreignît, dans chaque commune, quiconque voudrait bâtir ou faire bâtir un logement d'ouvriers plus spécialement, à en soumettre préalablement le plan à un agent compétent, officiel et assermenté, qui constaterait, soit d'après ce plan, *soit de visu* sur place, s'il n'existe pas dans le projet de construction quelque inconvénient plus ou moins grave contre la bonne hygiène ou la salubrité : de telle sorte qu'en respectant d'ailleurs toute la liberté des constructeurs ou propriétaires, on sauvegarderait néanmoins et à perpétuité les intérêts sanitaires aussi bien des premiers propriétaires eux-mêmes ou locataires que des derniers.

Cette mesure de police sanitaire aurait donc pour avantage réel et durable d'être profitable à la santé de plusieurs générations de propriétaires ou locataires, n'importe; attendu que les logements sont assez généralement destinés à avoir une durée séculaire ou même plusieurs fois séculaire.

C'est donc à la jurisprudence, à la législation, à l'administration gouvernementale, en un mot, de réglementer, codifier et faire exécuter, dans un temps donné, l'innovation sanitaire que nous proposons et qui est la déduction la plus importante de tous nos travaux, de toutes nos méditations sur les nombreuses et meurtrières épidémies, ainsi que sur les graves endémies qui sont tombées sous notre observation attentive et réfléchie.

Le but final de cette mesure nouvelle serait, en définitive, de sauvegarder encore un coup les intérêts sanitaires des générations qui doivent successivement habiter chaque logement.

Ces intérêts ne sont pas seulement particuliers ou personnels; mais ils sont encore publics et même nationaux et humanitaires, en ce sens que, par leur généralité et et leur incessante durée, ils touchent vivement à la santé, ainsi qu'à la force physique et morale des peuples, non moins que de leur race ou de leur descendance qui devra, à son tour, contribuer à la prospérité des pays, à proportion de la perfection et de la conservation de leur type physique, intellectuel et moral, sur lequel l'hygiène en général a une si grande et si heureuse influence.

Quant à l'accomplissement ou à la mise en pratique de mon innovation, assurément je ne saurais avoir la prétention, ni il ne m'appartient pas de faire, à moi tout seul, une loi de salubrité pour la construction des logements ; mais du moins, par la production de ce mémoire, j'aurai dit qu'elle est utile, nécessaire, indispensable et même urgente.

De plus, par mes efforts pour donner ici à mon idée, par l'enchaînement des motifs, un caractère d'évidence et de haute raison, je me serai évertué à préparer l'opinion et avec elle les convictions : moralement j'aurai tâché de bien établir dans tous les esprits, réfléchis et désireux des progrès humanitaires, l'urgence de cette loi de salubrité pour la construction des logements ; et puis, quand une fois elle y sera bien entrée, il faudra bien que tôt ou tard cette loi en sorte toute faite.

Car, faisons-le bien remarquer, toute loi, pour être promulguée, doit être précédée d'un exposé des motifs ; mais cet exposé, à son tour, a besoin d'être précédé d'une force d'opinion qui est la première condition pour qu'une loi puisse être établie d'une manière sage et durable.

Que le comité consultatif d'hygiène publique et de salubrité soit appelé à élaborer le projet de ce décret dans tous ses détails, dans toutes ses conditions et précautions ; rien de mieux assurément.

Mais c'est aux médecins praticiens à dire et à faire connaître ce que leurs observations et leur expérience leur montre, tous les jours, d'utile à établir dans des voies nouvelles ; c'est là réellement le progrès pratique dans son commencement, dans son germe, jusqu'à ce qu'il ait assez mûri pour passer dans les institutions.

Il m'a paru, et j'espère n'être contredit par personne à ce sujet, il m'a paru, dis-je, qu'il y avait là une pensée de bien public à laquelle je n'ai pu m'empêcher d'obéir.

Un pareil sentiment m'anima, il y a 25 ans, pour le projet d'une institution de médecins cantonnaux, chargés d'un service de santé en faveur des indigents, ainsi que j'ai eu le dessein de le faire comprendre dans la dédicace de ce nouveau travail à la mémoire de feu le vénérable duc de Bassano, sous la bienveillante présidence duquel j'eus l'honneur de lire par fragments, à l'Académie des Sciences morales et politiques de l'Institut impérial de France, dans la séance du 18 mai 1833, un volume in-8° de 200 pages, intitulé : *Mémoires concernant un service rural de santé à fonder en France pour les indigents.*

Cette dédicace n'est pas placée là par une vaine ostentation; mais comme un précédent et un exemple d'une bonne idée présentée d'abord, ainsi que celle d'aujourd'hui, dans un simple manuscrit, et qui cependant a fini par devenir, depuis plusieurs années déjà, une institution bien constituée dans un bon nombre de départements et entre autres dans celui de Saône-et-Loire, où il se trouve positivement que j'ai l'honneur d'être médecin cantonal de la circonscription d'Autun, selon les idées que j'avais émises et publiées en 1833. Puisse, à son tour, ma nouvelle idée sur la nécessité d'une loi de salubrité pour la construction des logements et par conséquent pour la diminution d'abord et pour la disparition ou suppression ensuite des logements insalubres, réussir aussi bien!

Conclusion.

Il est utile, nécessaire, indispensable et même urgent, au point de vue de la santé publique, qu'il soit promulgué un décret ou une loi qui obligera, dans chaque commune, ceux qui voudront désormais bâtir ou faire bâtir des logements d'ouvriers à en soumettre les plans à un agent spécial, officiel et assermenté; lequel examinera et constatera s'il n'y existe pas quelque inconvénient, plus ou moins grave, contre la salubrité.

Tel est le moyen que, dans le titre de ce mémoire, nous avons annoncé comme devant être propre à diminuer d'abord le nombre des logements insalubres et puis à les supprimer tout-à-fait, et par conséquent aussi les maladies qui en proviennent si fréquemment et si communément.

Ce moyen, nous lui consacrons volontiers le nom de *loi ou décret de salubrité pour la construction des logements d'ouvriers.*

C'est avec confiance que j'ai l'honneur de soumettre ce nouveau mémoire au jugement de l'Académie des Sciences qui a daigné déjà encourager plusieurs de mes travaux, soit par l'adoption de rapports favorables, soit par une insertion dans le recueil des *Savants Etrangers,* soit enfin par la récompense de l'un de ses plus beaux prix Montyon.

VALAT (de Montpellier), D. M. P.

Autun, 4 novembre 1856.

www.ingramcontent.com/pod-product-compliance
Lightning Source LLC
LaVergne TN
LVHW050510160826
845677LV00003B/1041

* 9 7 8 2 3 2 9 6 4 6 2 4 4 *